Mit Argumenten überzeugen

Wege zu größerem Erfolg in Diskussionen und Verhandlungen

Ein Trainingsbuch

Akademie der Politischen Bildung
Friedrich-Ebert-Stiftung

Vorwort

Lange haben wir überlegt, ob wir die Dialog- und Diskussionsbeispiele des Trainingsbuches „Mit Argumenten überzeugen" für die 3. Auflage nicht aktualisieren sollten. Die Trainer/-innen des Projekts Management und Politik haben sich unisono dagegen gewandt, denn sie machen in Seminaren die Erfahrung, daß gerade die medieninduzierten „heißen" Themen für eine vertiefte Beschäftigung mit den Grundlagen und Techniken des Argumentierens, Diskutierens und Verhandelns eher hinderlich sind.

Wie alle anderen Publikationen in der Reihe der Trainingsbücher beruht dieser praxisorientierte Leitfaden auf den in den Ausbildungsgängen und Seminaren eingesetzten, vielfach erprobten und immer wieder optimierten Begleitmaterialien. Er wendet sich an alle, die an professionellem politischen Management- und Führungswissen interessiert sind, um ihr gesellschaftspolitisches Engagement wirkungsvoller und erfolgreicher gestalten zu können.

Daß Management-Qualifikationen sich durch das Studium von Büchern alleine nicht einstellen, ist hinlänglich bekannt. Deshalb können und sollen die Trainingsbücher die Teilnahme an Management- Trainings nicht ersetzen, sie möchten aber:

- Ihnen „Appetit" auf die Angebote des Projekts Management und Politik machen

- Ihnen dabei helfen, Ihre persönlichen Ziele während des Trainings wie bei der Vor- und Nachbereitung einfacher, schneller und systematischer zu erreichen

- Ihnen das Selbststudium - alleine oder mit anderen Engagierten-dann ermöglichen, wenn Sie sich zur Zeit (noch) nicht zur Teilnahme an einem Training entschließen können oder wollen

- Ihnen ein „Nachschlagewerk" an die Hand geben, wenn Sie eine Rede, eine Diskussion oder Verhandlung vorbereiten wollen.

Alles, was Sie für dieses Trainingsbuch brauchen, ist Interesse, Zeit, Ruhe und ein Bleistift, von dem Sie ohne Zögern Gebrauch machen sollten. Viel Erfolg dabei wünscht Ihnen

Prof. Dr. Thomas Meyer / Gisela von Mutius

Akademie der Politischen Bildung
Projekt Management und Politik

Impressum:

Herausgeber:

Friedrich-Ebert-Stiftung
Godesberger Allee 149
53170 Bonn

Akademie der Politischen Bildung
Projekt Management und Politik

Graphisches Konzept:
www.inrhein.de

1. Auflage: Oktober 1995

2. Auflage: Oktober 1997

3. Auflage: Oktober 2000

ISBN 3-86077-442-5

Inhaltsverzeichnis

überzeugend argumentieren

erfolgreich verhandeln

Über das Vorhaben dieses Buches

Das haben Sie bestimmt schon einmal erlebt:

da diskutieren Sie aufgeregt mit einer Kollegin oder einem Freund und wissen nach einigen Minuten nicht mehr weiter - Ihnen fallen keine Argumente mehr ein ... und Sie müssen erst einmal nachgeben. Doch noch am selben Abend schießt es Ihnen durch den Kopf: „Mensch, hätte ich doch ...".

oder folgende Situation: bei einer Besprechung setzt wieder einmal eine Kollegin ihre Meinung erfolgreich durch - sie versteht es schon seit langem, daß nach wenigen Augenblicken nur über ihre Vorstellungen gesprochen wird. Und Sie fragen sich: „Wie macht sie das bloß?"

In beiden Fällen spielt die Persönlichkeit der Beteiligten sicherlich eine wichtige Rolle. Doch mindestens genauso entscheidend sind rhetorische Techniken und Tips, die erlernt, geübt und dann auch angewendet werden können.

Diese Buch stellt Ihnen Grundlagen und Techniken des Argumentierens und Verhandelns vor und lädt Sie dazu ein, in die zahlreichen Übungen auch Beispiele aus Ihrer eigenen Praxis einzubringen. Es soll Ihnen dazu dienen, in Diskussionen und Verhandlungen besser zu werden

Deshalb erwähne ich nur solche Inhalte, von denen die Teilnehmerinnen und Teilnehmer auch noch Monate nach Seminarende sagten:

Gerade diese Punkte haben mir sehr geholfen, überzeugender zu argumentieren und erfolgreicher zu verhandeln.

Ich hoffe, daß auch Sie viel von dem hier Genannten für sich nutzen können.

Frank Wippermann
Augsburg, Bonn und Celle, im Oktober 1995

Zugunsten der Lesefreundlichkeit diese Buches habe ich auf die gleichzeitige Nennung der weiblichen und der männlichen Form verzichtet – es sind immer beide Geschlechter gemeint.

Die vier Eckpfeiler der gelingenden Kommunikation

Stellen Sie sich einmal vor, sie halten eine Rede - das kann beim Geburtstag einer Freundin sein, auf einer Vereinssitzung, während einer Betriebsversammlung, ...

da sind erstens Sie selbst, doch Sie sind ja nicht allein (auch wenn das manchmal ganz beruhigend wäre), denn vor Ihnen stehen oder sitzen die Zuhörer. Und die wollen „was" hören, nämlich Ihre Meinung zu einem Thema. Und diese Meinung äußern Sie doch immer mit einer bestimmten Absicht, oder? Zum Beispiel, um Ihre Freundin zu feiern, eine neues Vereinsmitglied zu begrüßen, über die Geschäftsführung zu schimpfen, ...

In allen Fällen spielen die vier genannten Punkte eine wichtige Rolle: Sie, die Zuhörer, das Thema, das Ziel (oder die Absicht) - sie sind Eckpfeiler bei jeder Art von Kommunikation.

Somit sind auch für die Themen *Argumentation und Verhandlung* die Fragen, die die vier Eckpfeiler untereinander in Beziehung setzen, von großer Bedeutung. Wenn Sie diese Fragen vor einer Diskussion oder Verhandlung für sich beantworten, so sind Sie schon sehr gut vorbereitet.

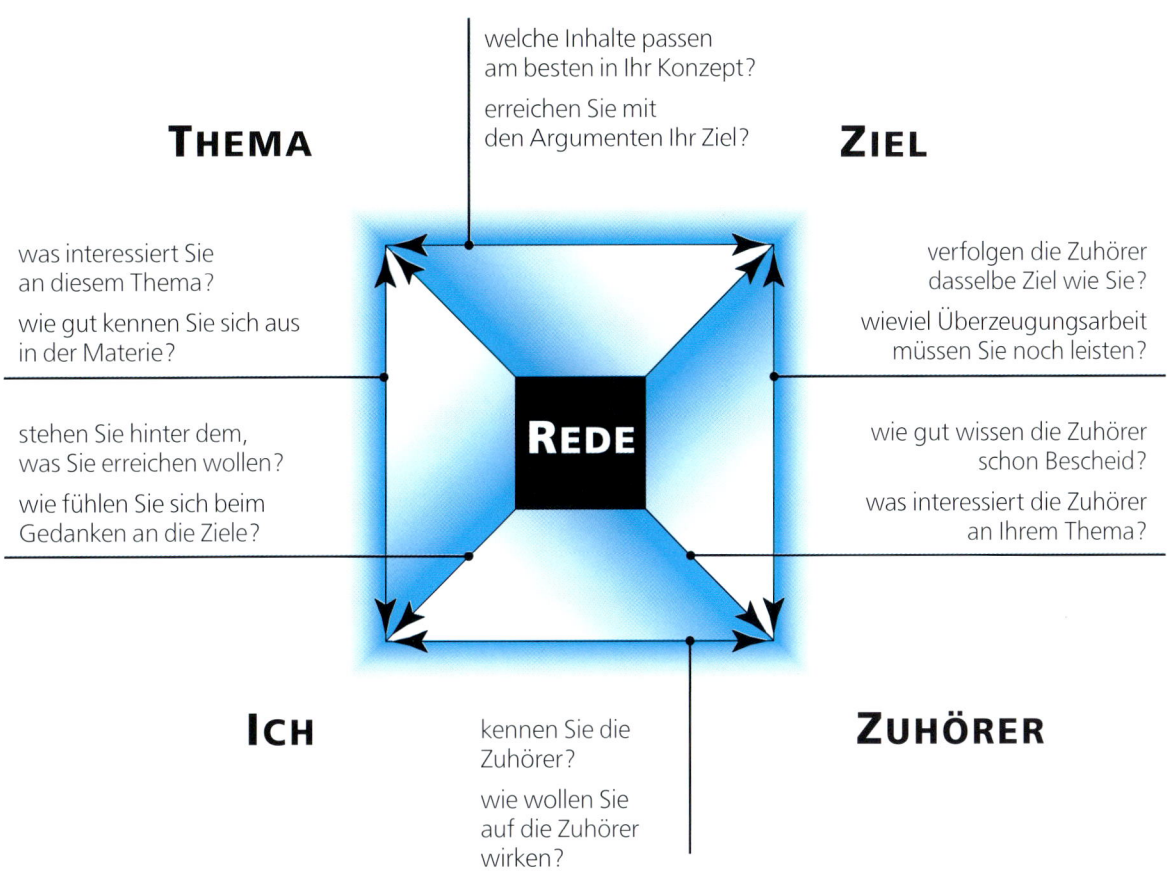

THEMA

welche Inhalte passen
am besten in Ihr Konzept?

erreichen Sie mit
den Argumenten Ihr Ziel?

ZIEL

was interessiert Sie
an diesem Thema?

wie gut kennen Sie sich aus
in der Materie?

verfolgen die Zuhörer
dasselbe Ziel wie Sie?

wieviel Überzeugungsarbeit
müssen Sie noch leisten?

REDE

stehen Sie hinter dem,
was Sie erreichen wollen?

wie fühlen Sie sich beim
Gedanken an die Ziele?

wie gut wissen die Zuhörer
schon Bescheid?

was interessiert die Zuhörer
an Ihrem Thema?

ICH

kennen Sie die
Zuhörer?

wie wollen Sie
auf die Zuhörer
wirken?

ZUHÖRER

Erinnern Sie sich: wie verlief Ihre letzte Verhandlung?
Mit wem hatten Sie es zu tun, worum ging es,
und was wollten Sie erreichen?

Überlegen Sie sich nun für Ihr Beispiel:

welche Inhalte paßten am besten in Ihr Konzept?

_____

mit welchen Argumenten erreichten Sie Ihr Ziel?

_____

was interessierte Sie an dem Thema?

_____

wie gut kannten Sie sich in der Materie aus?

_____

welche Ziele verfolgten die Zuhörer (die anderen)?

_____

wieviel Überzeugungsarbeit mußten Sie noch leisten?

_____

was sprach Ihrer Meinung nach für Ihr Ziel?

_____

wie fühlten Sie sich beim Gedanken an das Ziel?

_____

wie gut wußten die Zuhörer (die anderen) schon Bescheid?

_____

was interessierte die Zuhörer (die anderen) an Ihrem Thema?

_____

wie gut kannten Sie die Zuhörer (die anderen)?

_____

wie wollten Sie auf die Zuhörer (die anderen) wirken?

_____

Vielleicht ist Ihnen bereits aufgefallen, daß die Antworten auf diese Fragen für Ihre Diskussionen und Verhandlungen sehr nützlich sein können - doch nicht nur dort: auch für die Beispiele und Übungen in diesem Buch werden Sie Ihre Antworten nutzen können.

überzeugend
argumentieren

Was ist ein Argument?

Sie kennen das: in Reden, bei Verhandlungen, im Laufe von Gesprächen, während Diskussionen ... immer wieder taucht der Begriff „Argument" auf: „meine Argumente für ... sind ..."

„als Gegenargumente führe ich an, daß ..."

„den Argumenten meiner Vorrednerin kann ich mich anschließen, weil ..."

Mit Sicherheit gebrauchen auch Sie häufig das Wort „Argument" - doch in welchem Sinne tun Sie das?.

Unter *Argument* verstehe ich:

_____

_____

_____

Schauen wir doch mal bei denen nach, die es wissen sollten. Wolfgang Thierse und Norbert Blüm verwendeten in der Bonn-Berlin-Debatte vom Juni 1991 die folgenden Argumente:

Das dritte Argument: der Föderalismus, jenes unersetzliche Element der gelungenen demokratischen Kultur der Bundesrepublik. Ich denke, wir stärken den Föderalismus eher dadurch, daß wir die Hauptstadt dorthin verlegen, wo sie inmitten der schwächeren Länder liegt, und nicht dadurch, daß wir sie unbedingt im einwohnerstärksten und wirtschaftlich mächtigsten Land belassen.

(Wolfgang Thierse. Das Parlament 27/1991: 2)

Nicht ohne Grund verlegen Staaten mit kräftigem föderalen Selbstbewußtsein ihren Parlaments- und Regierungssitz nicht in die größte Stadt: Die Amerikaner legen ihn nicht nach New York, sondern nach Washington; die Kanadier nicht nach Montreal oder Toronto, sondern nach Ottawa; die Schweizer nicht nach Zürich, sondern nach Bern. Sollten wir an der Klugheit und Erfahrung anderer föderaler Staaten nicht Maß nehmen? (Norbert Blüm. Das Parlament 27/1991: 2)

Jetzt schauen Sie doch einmal nach, was Sie unter Argument verstehen: welche Ihrer Merkmale für ein Argument treffen auf die Redeausschnitte zu?

_____

_____

_____

_____

Beim Lesen der Ausschnitte ist Ihnen vielleicht noch mehr aufgefallen, was alles zu einem Argument gehören kann ...

_____

_____

_____

_____

Auf Seminaren haben die Teilnehmerinnen und Teilnehmer meistens eine Fülle an Definitionen auf Lager - hier einige Beispiele:

Auffassung

begründeter Appell

logische Aussage

Fakten

Meinungsbegründung

(beweisbare) Tatsache

Beleg

stichhaltiger Grund

Fürspruch für eine Meinung

Erfahrungen

(herrschende) Meinung

Thesen

Behauptungen

abgeschlossene Idee

inhaltsbezogene Aussage

Darstellung

allgemeingültige Aussage

Beweise

auf Sachverstand ruhend

Überzeugung

Wahrheit

Feststellung

Richtigkeit

Sie haben sich beim Durchlesen dieser vielen Definitionen sicherlich gefragt: „ja, und was ist denn nun ein Argument?" - doch da muß ich Sie enttäuschen:

Eine eindeutige und für alle verbindliche Definition gibt es nicht. Das mag Sie jetzt erstaunen, weil alle dieses Wort wie selbstverständlich verwenden. Doch kann niemand genau sagen, was es nun wirklich ist.

Auf den nächsten Seiten versuche ich daher nur, mich dem Begriff „Argument" gewissermaßen „anzunähern" - einerseits hinsichtlich der Wirkung, andererseits hinsichtlich des Aufbaus.

Wirkung von Argumenten

Klarer Fall: ein Argument soll auf andere wirken - und das möglichst überzeugend, möglichst schnell, möglichst ... erfolgreich! Denn ein Argument ohne Wirkung ist wie ein Luftballon ohne Hülle, nämlich nichts.

Wie ist es Ihnen denn bei den Argumenten von Wolfgang Thierse und von Norbert Blüm ergangen? Schauen Sie sich diese doch noch einmal an ... und lassen Sie diese auf sich wirken ... lesen Sie die beiden Texte vielleicht sogar einmal laut vor.

Was gefällt Ihnen nun an den Argumenten, was gefällt Ihnen nicht?

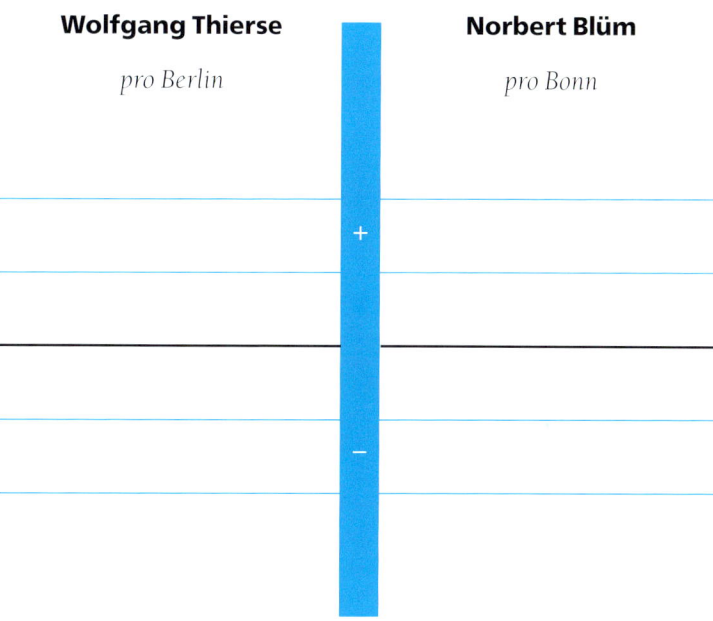

Wolfgang Thierse

pro Berlin

Norbert Blüm

pro Bonn

Wie die Argumente auf Sie persönlich wirken, ist für deren Überzeugungskraft mitentscheidend: denn in den Argumenten wird sich für oder gegen ein bestimmtes Handeln ausgesprochen, das in der Zukunft liegt - hier die Entscheidung für Berlin oder Bonn. Da aber niemand über prophetische Gaben verfügt, verhält es sich beim Argumentieren ähnlich wie mit dem Wetterbericht:

keiner weiß genau, wie's morgen ausschaut, aber schon heute müssen Entscheidungen für morgen getroffen werden. Überzeugen können eher diejenigen, die Ihnen gegenüber neben den schlüssigen Beweisen auch noch „passende" Ansichten vertreten. Passen sollen diese Ansichten sowohl zu Ihrer bisherigen Meinung als auch zu der Person, die sie vertritt. Kurz:

**Mich überzeugen eher diejenigen Argumente,
die erstens meine Meinung bestärken
und zweitens glaubhaft vorgetragen werden.**

Eine neutrale Einstellung kann es für am Thema Interessierte folglich nicht geben.

Das können Sie z.B. daran merken, daß Sie kurz vor Pfingsten einem Wetterbericht, der viel Sonne verspricht, wohl mehr Glauben schenken werden als einer Vorhersage mit Schauerwetter und „für die Jahreszeit zu kühl"-Temperaturen - angenommen, die verschiedenen Wetterdienste arbeiten seriös.

Daß Ihre eigene Meinung für die Wirkung von Argumenten eine große Rolle spielt, können Sie ja einmal prüfen - wer hat bei Ihnen denn besser abgeschnitten, Wolfgang Thierse oder Norbert Blüm ... ?

Sind Sie für den Umzug nach Berlin, so wird es Ihnen wahrscheinlich leichter gefallen sein, positive Wirkungen beim Argument von Wolfgang Thierse zu finden - sind Sie gegen den Umzug, so werden vermutlich Norbert Blüms Argumente besser auf Sie gewirkt haben. Die eigene Meinung hat nun einmal großen Einfluß auf die Wirkung des Arguments.

Soviel fürs erste zu der Wirkung - darauf, daß neben den Worten auch noch nonverbale (durch Gestik, Mimik, Betonung, ... vermittelte) Signale eine Rolle spielen, kommen wir auf Seite 39 noch zu sprechen.

Der Aufbau eines Arguments

Auf den vorhergehenden Seiten haben Sie sich mit der Wirkung von Argumenten beschäftigt. Schauen wir uns nun an, wie sie aufgebaut sein sollen. Dazu nochmals die Meinungen von Wolfgang Thierse und von Norbert Blüm, die sich beide auf den Föderalismus berufen, jedoch zu unterschiedlichen Ergebnissen kommen.

Nehmen Sie sich dazu die beiden Argumente noch einmal vor und untersuchen Sie die einzelnen Bausteine. So vollziehen Sie nach, wie jeder der beiden Politiker vom Ausgangspunkt „Föderalismus" zum Berlin- bzw. Bonn-Plädoyer kommt:

Wolfgang Thierse	**Norbert Blüm**
Föderalismus	*Föderalismus*
Berlin	*Bonn*

Wenn Sie sich nacheinander in die Lage der beiden Redner versetzen - was glauben Sie, an welcher Stelle der eine zum anderen „nein" sagen wird?

Wolfgang Thierse	**Norbert Blüm**
bei Norbert Blüm	bei Wolfgang Thierse

Doch was hat denn der eine dem anderen inhaltlich entgegenzuhalten?

Wolfgang Thierse gegenüber Norbert Blüm:

_____

_____

_____

Norbert Blüm gegenüber Wolfgang Thierse:

_____

_____

_____

Mit diesen Überlegungen haben Sie bereits viele Punkte der nächsten Abschnitte vorbereitet: auf den folgenden Seiten wird es nämlich darum gehen, wie Sie Ihre eigenen Argumente gliedern können und darum, wie Sie auf Gegenargumente reagieren können.

Fakten, Gründe, Appelle

Nachdem Sie sich mit der Wirkung und den Bausteinen von Argumenten auseinandergesetzt haben, soll es jetzt darum gehen, wie Sie Ihre Argumente wirkungsvoll gliedern können.

Dazu noch einmal ein Ausflug in die Bonn-Berlin-Debatte aus dem Sommer 1991. Anläßlich der Entscheidung des Deutschen Bundestages über den Regierungssitz wurden von der Pro-Berlin-Initiative Anzeigen in überregionalen deutschen Tageszeitungen veröffentlicht.

Welche der folgenden Appelle sind Ihrer Meinung nach Argumente?

| ja | nein |

Ich weiß aus der Demoskopie, daß die Menschen eine Witterung für die Zukunft haben. Schon Mitte der achtziger Jahre hat sich die Mehrheit der Westberliner und der Bevölkerung in Westdeutschland für Berlin als Hauptstadt ausgesprochen.

(Elisabeth Noelle-Neumann, Meinungsforscherin, Allensbach)

| ja | nein |

Berlin ist ein Symbol für die ganze deutsche Geschichte, die Stadt, in der die deutsche Frage offen gehalten wurde. Deshalb gehört die Regierung des ganzen Deutschland nach Berlin.

(Heinz Ruhnau, Staatssekretär a.D.)

| ja | nein |

Berlin stand 45 Jahre lang für den ungebrochenen Freiheitswillen ihrer Bürgerinnen und Bürger. Jetzt steht das vereinigte Berlin für das vereinigte Deutschland. Berlin ist unsere Hauptstadt, und zur Hauptstadt gehört auch der Regierungssitz.

(Georg Kronawitter, Oberbürgermeister, München)

| ja | nein |

In den Staaten Europas ist es normal, daß Hauptstadt und Regierungssitz eins sind. Sollte nicht auch Deutschland ein europäischer Normalfall werden?

(Wolfgang Porsche, Vorstandsvorsitzender Porsche AG, Stuttgart)

Woran haben Sie nun erkannt, welche der Aufrufe Argumente sind?

_____

_____

_____

Auf eine Möglichkeit sind wir im vorangegangenen Abschnitt einge-gangen. Die Aufrufe können an ihrer Nachvollziehbarkeit gemessen werden: je einsichtiger etwas für mich ist, umso eher ist es für mich ein Argument. Die Qualität wird hier also nach der Überzeugungskraft be-urteilt: demnach bemißt sich die Güte eines Arguments ausschließlich daran, ob das Gesagte von den Zuhörern angenommen wird. Dies greift aber eindeutig zu kurz. Es gibt Kriterien, mit deren Hilfe geprüft werden kann, ob es sich bei einer Aussage um ein Argument handelt oder nicht. Notwendig für ein Argument sind nämlich drei Teile:

1. der Appell,   für oder gegen den argumentiert wird

2. die Fakten,   die eine bestimmte Situation beschreiben
                   (was IST)

3. der Grund,   ein allgemein anerkanntes Prinzip, von dem
                   ausgegangen wird
                   (was gelten SOLL)

Ziemlich abstrakt, nicht wahr?

Zur Erläuterung deshalb ein Beispiel: stellen Sie sich vor, Sie wollen mit Ihrer Familie oder mit Freunden in den Urlaub fahren … und diskutieren nun darüber, wohin die Reise gehen soll. Sie bevorzugen Zypern und sa-gen: „also, ich möchte gern nach Zypern, weil es dort sehr ruhig ist." Ih-nen wird sogleich widersprochen: „seit wann ist es für uns denn wich-tig, ob es ruhig ist", und Sie merken, daß Sie vergessen haben, den Grund für Ihr Reiseziel zu nennen, nämlich, daß Abgeschiedenheit im Urlaub wichtig sein soll (zumindest für Sie).

Für überzeugendes Argumentieren ist es nicht nur wesentlich, daß Sie alle drei Teile erwähnen. Sie sollten auch darauf achten, daß Sie solche Fakten und Gründe nennen, die zueinander passen, und daß die Fakten und Gründe auch auf den Appell hinführen. Erst wenn ein passender Grund, passende Fakten und ein entsprechender Appell geäußert wer-den, liegt ein vollständiges und schlüssiges Argument vor.

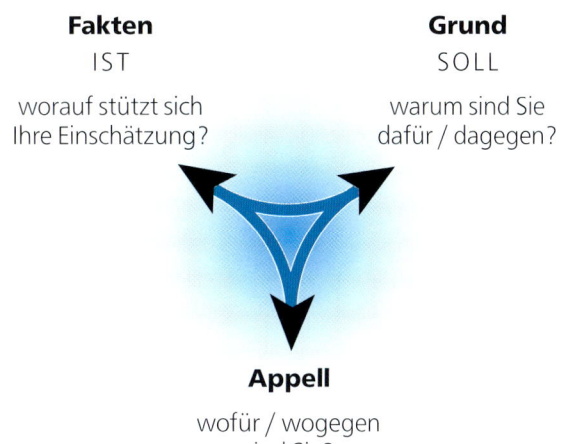

Fakten

IST

worauf stützt sich
Ihre Einschätzung?

Grund

SOLL

warum sind Sie
dafür / dagegen?

Appell

wofür / wogegen
sind Sie?

Demnach ist es kein Argument, wenn jemand sagt:

> *Berlin ist die größte Stadt Deutschlands und muß Regierungs-
> sitz werden.*

denn hier fehlt der Grund (z.B., daß die größte Stadt eines Lan-
des Regierungssitz sein soll).

Und auch ein Satz wie der folgende ist weit davon entfernt, Argument
zu sein:

> *weil die historisch bedeutendste Stadt Regierungssitz sein soll,
> befürworte ich den Umzug nach Berlin.*

denn hier fehlen die Fakten (die belegen, daß Berlin die histo-
risch bedeutendste Stadt ist).

Ein Argument, das Grund, Fakten und Appell enthält, kann z.B. lauten:

weil jede Hauptstadt auch Regierungssitz sein soll und Berlin bereits Hauptstadt ist, soll Berlin Regierungssitz werden.

hier wird ein Grund aufgeführt
(Hauptstadt = Regierungssitz),

hier wird ein Fakt genannt
(Berlin ist Hauptstadt), und

hier wird appelliert
(Berlin soll Regierungssitz werden).

Zudem ist der Gedankengang bei diesem Beispiel für alle nachvollziehbar (wenn auch nicht alle dieser Meinung sind ...).

Zu einem Argument gehören also beide Anforderungen: es muß sowohl verständlich als auch vollständig aufgebaut sein.

- es muß eine Meinung veranschaulicht werden, also so formuliert sein, daß andere sie nachvollziehen können;

- es müssen alle drei Teile (Appell, Fakten, Grund) genannt werden.

Ist Ihr Argument verständlich und vollständig, so bedeutet das nicht ohne weiteres, daß andere sofort Ihrer Meinung sein werden. Doch haben Sie mit richtigem Argumentieren (nachvollziehbar und vollständig) schon einen ersten Schritt zum Überzeugen getan.

Ob die vier Aufrufe zu Beginn dieses Abschnitts vollständige Argumente waren? - schauen Sie doch noch einmal nach ...

Pro und Contra

Bisher haben Sie sich mit dem einzelnen isolierten Argument auseinandergesetzt. Jetzt geht es darum, auf Argumente Gegenargumente zu finden - in der Praxis nutzen Sie diese Fertigkeit ständig, um auf Forderungen, denen Sie nicht folgen möchten, reagieren zu können.

Das folgende Beispiel argumentiert gegen eine ökologische Steuerreform. Versuchen Sie, zu diesem Standpunkt ein geeignetes Gegenargument zu formulieren.

> *Der Bund der Steuerzahler hat grundsätzliche Bedenken dagegen, mit Steuern außerfiskalische Zwecke zu verfolgen. Das gegenwärtige Steuerwirrwarr zeigt nur zu deutlich die Folgen solcher Versuche. Eine ökologische Steuerreform mit einer Vielzahl von neuen Einzelsteuern würde das derzeitig schon undurchsichtige Steuersystem nur zusätzlich komplizieren. Außerdem lehrt die Erfahrung, daß der umweltpolitische Zweck von Steuern im Laufe der Zeit meist in den Hintergrund tritt, der Staat also „abkassiert" und Bürger und Unternehmen noch stärker belastet werden.*

> (K.H. Däke, Präsident des Bundes der Steuerzahler, Vorwärts 10/94)

Dazu ist es am besten, wenn Sie die Argumente in dem Beispiel untersuchen. Zerlegen Sie zuerst die Argumentation anhand der Frage, welche Appelle, Fakten und Gründe Karl-Heinz Däke anführt:

Appelle _____

Fakten (Ist) _____

Gründe (Soll) _____

Setzen Sie sich nun mit diesen Fakten und Gründen auseinander:

• was sind Ihrer Meinung nach Gegenfakten oder Gegengründe?

• was hat Karl-Heinz Däke übersehen oder nicht richtig wiedergegeben?

Gegenfakten _____

_____

Gegengründe _____

_____

Formulieren Sie doch jetzt mit Hilfe Ihrer eigenen Gegenfakten und
-gründe Ihr Gegenargument zu Karl-Heinz Däke:

_____

_____

_____

_____

Hubert Weinzierl hat - wie Sie auch - ein Gegenargument gefunden:

*Rohstoff- und Energieverbrauch sollen durch die Öko-Steuer
teurer, die menschliche Arbeit billiger werden. Es werden neue
Stellen geschaffen, die Umwelt wird entlastet. Wir wollen nicht
mehr Steuern, sondern andere, nicht abkassieren, sondern
neue Arbeitsplätze schaffen. [...] Durch Öko-Steuern haben wir
die Wahl: Entweder Umwelt schonen und Steuern sparen oder
Umwelt belasten und Steuern zahlen.*

(H.Weinzierl, Bund für Umwelt- und Naturschutz,
Vorwärts 10/94)

Doch auch dieser Äußerung von Hubert Weinzierl haben Sie sicherlich einiges entgegenzuhalten. Suchen Sie genauso wie vorhin:

Appelle _____

Fakten (Ist) _____

Gründe (Soll) _____

und nun wieder die Frage nach den

Gegenfakten _____

Gegengründen _____

_____

Mit diesen Bausteinen können Sie jetzt ein Gegenargument zu Hubert Weinzierl formulieren

_____

_____

_____

Sie haben sich mit den Argumenten von Karl-Heinz Däke und von Hubert Weinzierl ausführlich befaßt - haben sie untersucht und ihnen jeweils ein Argument entgegengesetzt.

Doch wie uneins sind sich die beiden eigentlich? Wo besteht zwischen den beiden die Möglichkeit der Einigung, und wo sind die Unterschiede unvereinbar?

Um diese Fragen zu beantworten, sollten Sie zunächst die jeweiligen Appelle, Fakten und Gründe gegenüberstellen:

	Karl-Heinz Däke	Hubert Weinzierl

Appell   _____

Fakten (Ist)   _____

                         _____

                         _____

Gründe (Soll)   _____

                         _____

                         _____

                         _____

Welchen Verlauf wird Ihrer Meinung nach eine Diskussion zwischen
Karl-Heinz Däke und Hubert Weinzierl haben?

_____

_____

_____

Was glauben Sie, über welche Fakten und Gründe werden Sie sich verständigen können, über welche nicht?

	Fakten	Gründe
Verständigung nicht möglich		
Verständigung möglich		

Mit dieser Einteilung der Fakten und Gründe beider Seiten haben Sie einen wichtigen Schritt getan, um mit Argumenten unterschiedlich umgehen zu können. Sie haben dadurch auch die Grundlage geschaffen, das Klima einer Diskussion bewußt zu steuern.

Darüber mehr im nächsten Abschnitt.

4er-Entgegnung

Was heißt es eigentlich, anderer Meinung zu sein? Das bedeutet doch wohl hauptsächlich, den Appell abzulehnen. Was ist damit gemeint?

Nun, Sie erinnern sich bestimmt noch: bei einem vollständigen Argument wird der Appell von den jeweiligen Fakten und Gründen getragen. Das zeigt, daß Sie immer, wenn Sie ein Argument ablehnen, entweder die Fakten und/oder die Gründe ablehnen.

Stimmen Sie den Fakten oder Gründen nicht zu, so kann das zwei Ursachen haben:

- Sie können die Fakten oder Gründe ablehnen, weil Ihnen gegensätzliche Fakten bzw. Gründe vorliegen;

- und wenn Ihnen bessere oder zusätzliche Fakten bzw. Gründe vorliegen, dann können Sie Fakten oder Gründe der Gegenseite erweitern.

Ob Sie das Argument Ihres Gesprächspartners ablehnen oder erweitern, hat Auswirkungen auf das Diskussions- und Verhandlungsklima:

wenn Sie gegensätzliche Fakten oder Gründe haben, so greifen Sie das Argument Ihres Gesprächspartners an. Hingegen greifen Sie mit besseren/zusätzlichen Fakten oder Gründen das Argument Ihres Gesprächspartners auf und führen es weiter. Im ersten Fall wird eher Konfrontation, im zweiten Fall eher Kooperation erzeugt.

Das Argument des Gegenübers	abzulehnen	zu erweitern
mit	Gegenfakten Gegengründe	besseren/zusätzlichen Fakten besseren/zusätzlichen Gründen
erweckt den Eindruck	Angreifens	Aufgreifens
und erzeugt eher	Konfrontation	Kooperation
macht deshalb den anderen eher	aggressiv	zuvorkommend

Wenn Sie die Diskussionsatmosphäre steuern wollen, ist es sinnvoll, mehrere Möglichkeiten zu haben, auf Ihren Gesprächspartner zu reagieren. Dabei bieten sich Ihnen grundsätzlich vier Möglichkeiten:

Fakten ablehnen, Gründe ablehnen, Fakten erweitern, Gründe erweitern.

	Fakten	**Gründe**
ablehnen		
erweitern		

Der Einsatz der 4er-Entgegnung in Diskussionen soll am Beispiel der Berlin-Bonn-Debatte verdeutlicht werden. Hören wir in eine solche Debatte hinein, bei der vollständige Argumente ausgetauscht werden:

Berlin: *Der Bundestag hat 1991 den Umzug nach Berlin beschlossen. Die Glaubwürdigkeit des Parlaments steht auf dem Spiel, wenn auf Worte nicht Taten folgen.*

Bonn: *Mehr als 20 Milliarden DM wird der Umzug verschlingen Geld, das nicht vorhanden ist. Um eine solide Finanzpolitik betreiben zu können, muß auf den Umzug verzichtet werden.*

Berlin: *Unabhängig davon, wieviel der Umzug kosten wird: das Geld ist gut angelegt, denn schon bald wird sich jede in den Umzug investierte Mark bezahlt machen. Aufgrund einer vorausschauenden Wirtschaftspolitik ist deshalb der Umzug nötig.*

Bonn: *Bonn hat die notwendige Infrastruktur, die in Berlin erst mühsam errichtet werden muß. Es ist nicht effizient, noch eine zweite Stadt regierungsfähig zu machen.*

Mit Hilfe der 4er-Entgegnung können Sie folgendermaßen reagieren:

Berlin: *Der Bundestag hat 1991 den Umzug nach Berlin beschlossen. Die Glaubwürdigkeit des Parlaments steht auf dem Spiel, wenn auf Worte nicht Taten folgen.*

		Fakt	Grund
B	**nennt**	**Umzug beschlossen**	**Glaubwürdigkeit**
BN	**lehnt ab**	**1991 nur knappe Mehrheit, deshalb neue Abstimmung**	**nur wirtschaftliche Aspekte zählen**
	er-weitert	**neue Umfragen in der Bevölkerung liegen vor**	**auch wirtschaftliche Aspekte sind wichtig**

Bonn: *Mehr als 20 Milliarden DM wird der Umzug verschlingen - Geld, das nicht vorhanden ist. Um eine solide Finanzpolitik betreiben zu können, muß auf den Umzug verzichtet werden.*

		Fakt	Grund
BN	**nennt**	**20 Mill. Kosten**	**Finanzpolitik**
B	**lehnt ab**	**falsche Berechnung (Kosten nur für Umzug ungefähr 12 Milliarden**	**Politik muß Zeichen für die neuen Bundesländer setzen**
	er-weitert	**Investitionen zahlen sich bald aus**	**Auswirkungen auf Berlin und Umland**

Berlin: *Unabhängig davon, wieviel der Umzug kosten wird: das Geld ist gut angelegt, denn schon bald wird sich jede in den Umzug investierte Mark bezahlt machen. Aufgrund einer vorausschauenden Wirtschaftspolitik ist deshalb der Umzug nötig.*

		Fakt	Grund
B	**nennt**	**Umzug rentiert sich**	**Wirtschaft Berlin**
	lehnt ab	**Kosten werden niemals getilgt**	**Staat soll sich aus Wirtschaft heraushalten**
BN	**er- weitert**	**zahlt sich in Bonn noch mehr aus (Europa)**	**Ungerechtigkeit gegenüber Wirt- schaft in/umBonn**

Bonn: *Bonn hat die notwendige Infrastruktur, die in Berlin erst mühsam errichtet werden muß. Es ist nicht effizient, noch eine zweite Stadt regierungsfähig zu machen.*

		Fakt	Grund
BN	**nennt**	**Bonn hat Infrastruktur**	**Effizienz**
	lehnt ab	**Bonn ist nur „Regierungsdorf"**	**nur Glaubwürdigkeit zählt**
B	**er- weitert**	**Berlin bietet mehr Möglichkeiten**	**auch frühere Bekenntnisse zu Berlin sind wichtig**

Am vorigen Beispiel möchte ich die Auswirkungen auf die Atmosphäre einer Diskussion veranschaulichen:

Die Reaktion *Bonn ist doch nur (!) Regierungsdorf* läßt dem Bonn-Befürworter ebensowenig Spielraum wie der Grund, daß *nur (!) die Glaubwürdigkeit ausschlaggebend* sei.

> Denn der Berlin-Befürworter bekundet durch diese Aussagen, daß Bonn keine Infrastruktur habe und daß Effizienz kein Grund sei. Damit ruft er eine Abwehrhaltung hervor.

Die Reaktion, daß *Berlin bessere (!) Möglichkeiten biete* und *auch (!) frühere Bekenntnisse zu Berlin sind wichtig* bietet dem Bonn-Befürworter Anknüpfungspunkte.

> Denn der Berlin-Befürworter läßt die Argumente seines Gegenübers gelten und eröffnet damit die Chance, mit dem Bonn-Befürworter ins Gespräch zu kommen.

Sie haben in diesem Abschnitt gesehen, wie Sie vor dem Hintergrund des Aufbaus von Argumenten die Diskussionsatmosphäre beeinflussen können, nämlich durch entsprechende Reaktionen auf die Argumente Ihres Gesprächspartners.

Einfluß auf die Diskussionsatmosphäre haben Sie aber nicht nur mit dem Aufbau Ihrer Gegenargumente ... wie noch, dazu mehr in den nächsten Abschnitten.

Aktives Zuhören

Beim Titel mögen Sie sich denken: „wieso aktives Zuhören, wenn ich zuhöre bin ich doch passiv, weil ich ja nicht rede". Daß beim Zuhören nicht geredet wird, stimmt, doch heißt das noch lange nicht Passivität. Ganz im Gegenteil: um die Worte Ihres Gesprächspartners zu verstehen, müssen Sie diese nicht nur hören (mit Ihren Ohren aufnehmen), sondern auch noch für sich verständlich machen (sie nachvollziehen).

Diese Aktivität des Nachvollziehens möchte ich mit einer Übung, dem kontrollierten Dialog, deutlich machen.

A und B	diskutieren über ein von A vorgeschlagenes Thema (das gegensätzliche Positionen ermöglichen soll).
A	nennt eine These.
Bevor B	auf diese eingeht, muß sie das von A Gesagte in eigenen Worten wiederholen.
Stimmt A	dieser Wiederholung zu, so darf B eine eigene These nennen, die A sinngemäß wiederholt, ...
Stimmt A	der Wiederholung nicht zu, so hat B nochmals die Möglichkeit, das von A Gesagte zusammenzufassen.
Ist A	auch damit nicht einverstanden, muß er die anfangs genannte These noch einmal nennen - B wiederholt diese, ...
Die dritte Person C	(wie „controlletti") hat die Aufgabe, die Einhaltung der Spielregeln zu überwachen und auf das Diskussionsverhalten von A und B zu achten.

Klingt kompliziert, daher ein Beispiel:

A: ich bin für Tempo 100 auf Autobahnen, damit es weniger Verkehrstote gibt und damit durch weniger Schadstoffe die Umwelt weniger geschädigt wird.

B: du bist also für Tempo 100, weil du die Umwelt schützen möchtest und die Zahl der Verkehrstoten senken willst.

A: ja.

B: also, die wenigsten Verkehrstoten gibt es auf den Autobahnen
        - deshalb mußt du woanders anfangen, in den Städten zum Bei-
        spiel. Und was die Umwelt angeht, so schau dir doch die Bäu-
        me an den Autobahnen an: die sind doch alle gesund!

A: (wiederholt, obwohl es schwerfällt)

        du sagst, daß es auf Autobahnen die wenigsten Verkehrstoten
        gibt und Anstrengungen dort weniger sinnvoll sind als in der
        Stadt. Dann sagst du, daß die Bäume an den Autobahnen ge-
        sund sind und mein Umweltargument deshalb nicht sticht.

B: ja

A: jeder Verkehrstote ist einer zuviel. Und deshalb ....

Statt also sofort aufeinander einzugehen (oder loszugehen, wie das häufig der Fall ist) und dabei dem Gegenüber nicht mehr bis zum Ende zu-
zuhören, sind hier beide gezwungen, erst den anderen zu wiederholen.
Denn nur nach einer erfolgreichen Wiederholung darf die eigene Meinung gesagt werden.

Versuchen Sie's einmal.

Vielleicht ist Ihnen ja folgendes dabei aufgefallen:

- jeder muß kurze „wiederholbare" Sätze nennen

- es ist ungewohnt, Inhalte sinngemäß zu wiederholen

- die Redezeit muß kurz sein

- es dürfen nur wenige Informationen genannt werden

- das Gesagte muß für den anderen überschaubar sein

- unberechtigte Vorwürfe beim Wiederholen werden aufgedeckt

- Sprecher und Zuhörer müssen sich auf den Inhalt konzentrieren

- die Atmosphäre ist entspannter

- niemand fällt dem anderen ins Wort

- für die eigene Antwort gewinnt man Zeit durch das Wiederholen

- jeder hat eine Kontrolle, ob das Gesagte auch verständlich war

- das Wiederholen wirkt als „Stoßdämpfer" - Aggressionen werden abgebaut

- während der andere wiederholt, kann ich über meine Gedanken nochmal nachdenken

- mein Gegenüber hat meine Gedanken besser/eleganter/prägnanter formuliert als ich

- jeder wiederholt die gegnerischen Aussagen ... und lernt diese dadurch besser kennen

- ich höre meine Gedanken von einer anderen Person ... und das tut gut

Doch zum aktiven Zuhören gehört nicht nur das sinngemäße Wiederholen der Aussagen anderer. Auch eine zuhörende Haltung signalisiert dem Gesprächspartner, daß ich ein aufmerksamer Zuhörer bin:

---

eine bequeme, den anderen zugewandte Sitzhaltung oder ein lockerer Stand

ein aufmunternder Blick

eine freundliche Mimik

leichtes Kopfnicken als Zeichen der Zustimmung

eine ruhige und offene Armhaltung

ruhige Kopfhaltung

ruhige Hände

ruhige, geschlossene Lippen

unveränderte Distanz zum Gegenüber („Sektglasdistanz")

Für den Sprecher sind das Signale, die ihm zeigen, daß Sie ihn nicht unterbrechen werden. Sie sagen auch, daß Sie den Aussagen Ihres Gesprächspartners Wert beimessen und gern zuhören.

Verständlich argumentieren

Aus dem vorhergehenden Abschnitt „aktives Zuhören" können Sie schon erste Anforderungen an verständliches Argumentieren übernehmen:

Satzbau

- kurze Sätze

- wenige Informationen

- kurze Redezeit

Weitere Anforderungen sind:

Aufbau

- ein Argument beginnt am besten mit einem kurzen Satz als „Aufhänger", um die Zuhörer zu gewinnen

- ein Argument endet am besten mit einem Appell, um den Zuhörern den Zweck des Arguments nochmals zu nennen (das zuletzt Gehörte wird besser behalten) und um das Ende anzukündigen (damit der Zuhörer sich stärker konzentriert)

- längere Argumente müssen

  eingeleitet werden, um einen Überblick über die Themenauswahl zu geben

  Um meine Forderung nach einem Alkoholverbot am Arbeitsplatz zu erläutern, werde ich nun drei Aspekte näher beleuchten: arbeitsrechtliche, gesundheitliche und versicherungstechnische.

  zusammengefaßt werden, um durch einen Rückblick an die Hauptbotschaften zu erinnern

  Die dargestellten Fakten und Gründe in den Bereichen Gesundheit, Arbeitsrecht und Versicherung führen also zu meiner Forderung: kein Alkohol am Arbeitsplatz!.

Situation

- klären Sie, in welcher Funktion Sie sprechen (als Delegierter, als Vorsitzender, für sich als Einzelperson, ...)

- nennen Sie das Ziel Ihrer Argumentation, um Fakten und Gründe verständlich zu machen

Wortwahl

- sprechen Sie die Sprache Ihrer Zuhörer (Wortwahl, Satzbau, Betonung, …)

- wecken Sie Interesse, indem Sie auf Beispiele aus Lebensbereichen Ihrer Zuhörer eingehen

Formulierung

- sagen Sie nicht, was Sie nicht wollen: formulieren Sie positiv:

  > statt: *ich möchte nicht weiter über den Kassenbericht sprechen.*

  > jetzt: *ich möchte, daß wir jetzt beginnen, über den Wahlkampf zu diskutieren.*

- je allgemeingültiger Ihr Argument formuliert ist, desto stärker wirkt es

  > Vorteil: es kann stärker überzeugen

  > Nachteil: es kann stärkeren Widerspruch hervorrufen

Betonung

- sprechen Sie langsamer als gewohnt, wenn Sie normalerweise schnell sprechen - Ihre Zuhörer sollen schließlich nachdenken können

- sprechen Sie schneller als gewohnt, wenn Sie normalerweise langsam sprechen – Ihre Zuhörer sollen schließlich nicht einschlafen

- heben Sie die Bedeutung wichtiger Begriffe durch gezielte Betonung hervor - sprechen Sie diese Wörter langsamer und etwas lauter aus als die anderen Wörter

**Argumentieren
ist mehr als Argumente
austauschen ...**

... und dieses „mehr" besteht darin, daß beim Argumentieren nicht nur über Sachinhalte gesprochen wird.

Der Beginn des Arguments der Meinungsforscherin Elisabeth Noelle-Neumann

> *Ich weiß aus der Demoskopie, daß die Menschen eine Witterung für die Zukunft haben. Schon Mitte der achtziger Jahre hat sich die Mehrheit der Westberliner und der Bevölkerung in Westdeutschland für Berlin als Hauptstadt ausgesprochen.*

signalisiert, daß

(a) *Menschen eine Witterung für die Zukunft haben*

(Sachinhalt)

(b) *sie sich als Meinungsforscherin sicher ist*

(Selbstkundgabe)

(c) *sie andere in deren Argumentationsvorgehen leiten will*

(Beziehungshinweis)

(d) *die Demoskopie zweckmäßig sein soll*

(Appell)

Die vier Kommunikationsebenen

1.)	**Sachinhalt**
2.)	**Appell**
3.)	**Beziehung**
4.)	**Selbstkundgabe**

---

betreten Sie in jeder Kommunikation - jedoch mit unterschiedlichem Nachdruck. Ebenso unterschiedlich kommen sie auch beim Empfänger an.

	Sender	Empfänger	
Sachinhalt	Information über mitzuteilende Dinge	sachlicher Informationsgehalt was ist gemeint?	**Sachinhalts-Ohr**
Selbst-kundgabe	aktuelle Befindlichkeit	Diagnose der Gefühle und Motive was geht in ihm/ihr vor?	**Selbst-kundgabe-Ohr**
Beziehungs-hinweis	definierte Beziehung	Beziehungs-botschaft *was hält er/sie von mir?*	**Beziehungs-Ohr**
Appell	Aufforderung zu Handeln	gerichtete Aufforderung was soll ich tun?	**Appell-Ohr**

Die Reaktion des Empfängers hängt davon ab, welche der vier Ebenen er als für sich und für den Sender wichtigste Ebene erkennt.

Hat der Sender eine andere Ebene betonen wollen als es der Empfänger erkennt, so ist der erste Schritt zu Mißverständnissen getan ... haben Sie deshalb ein offenes Ohr (besser: vier offene Ohren) für die Botschaft anderer.

In oben genanntem Beispiel können die Reaktionen lauten:

	Noelle-Neumann	Empfängerreaktion	
Sachinhalt	*Menschen haben Witterung für Zukunft*	*wie lauten die genauen Daten?*	**Sachinhalts-Ohr**
Selbst-kundgabe	*ich bin meiner Sache sicher*	*wie können Sie sich so sicher sein?*	**Selbstkund-gabe-Ohr**
Beziehungs-hinweis	*ich leite Sie zur Argumentation an*	*ich möchte mir meine Fakten und Gründe selbstständig aussuchen!*	**Beziehungs-Ohr**
Appell	*benutzen Sie das Mittel der Demoskopie*	*ja, ich nutze es.* oder *nein, ich nutze es nicht.*	**Appell-Ohr**

Wenn Sie argumentieren, dann sollten Sie

- versuchen, zunächst alle vier Ebenen zu erkennen

- nachfragen, wenn Sie unsicher sind, welche Ebene der Sender betonen wollte und

- danach für die Antwort eine der Ebenen gezielt auswählen.

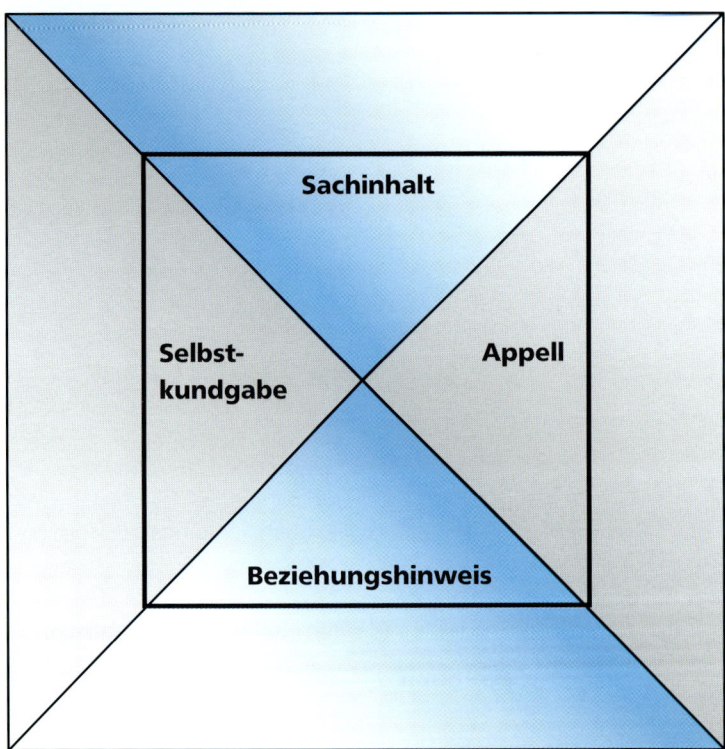

Natürlich sind diese Ebenen nicht nur beim Argumentieren wichtig ... auch bei Verhandlungen sollten Sie darauf achten.

wie übrigens alle Argumentationstips, -regeln, - übungen, von Ihnen auch in Verhandlungen angewandt werden können und sollten.

erfolgreich
verhandeln

Wozu Verhandlungen?

in der Metallindustrie verhandeln Gewerkschaft und Arbeitgeberverband, um einen neuen Tarifvertrag abzuschließen -

auf dem Markt verhandelt ein Kunde mit der Marktfrau, um das Obst billiger zu bekommen -

in Europa verhandeln Staaten miteinander über den Beitritt zur Europäischen Union -

vor Gericht verhandeln die Streitparteien, um Recht zu bekommen -

im Unternehmen verhandeln Betriebsrat und Geschäftsführung, um die wöchentliche Arbeitszeit zu regeln -

ein Käufer verhandelt mit dem Autohändler über den Preis für einen Gebrauchtwagen,

... überall Verhandlungen: und Sie, welche Verhandlungen führen Sie am häufigsten?

mit welchen Personen _____

_____ ?

zu welchen Themen _____

_____ ?

in welchen Situationen _____

_____ ?

Dabei wird es in fast allen Fällen am Ende darum gehen, eine Einigung zu erzielen oder ein Einverständnis zu bekommen, z.B. in Form von Verträgen, Absprachen oder Beschlüssen. Denn zu Beginn von Verhandlungen stehen immer Meinungsverschiedenheiten, Nichtübereinstimmungen, verschiedene Ansichten usw.

Ursachen für diese Differenzen können sein:

Mißverständnisse

verschiedene Interessen

ständiges Anzweifeln der Argumente

Unwillen zur Zusammenarbeit

Prinzipienreiterei

persönliche Angriffe

Vergeltung für zurückliegende Ereignisse

Machtspiele („nur einer wird gewinnen")

Unfähigkeit, Fehler zuzugeben

Gesicht bewahren wollen/müssen

Einige dieser Ursachen können Sie durch Verhandlungen aus dem Weg räumen, z.B. Mißverständnisse. Andere Ursachen können nur erträglich gestaltet werden, Interessengegensätze gehören dazu.

Allerdings können Sie in Verhandlungen auch neue Konflikte erzeugen. Haben Sie das vor, dann wird Ihnen Arthur Schopenhauer eine Hilfe sein, der unter Kunstgriff 8 zu folgender Verhandlungsstrategie rät:

> *Den Gegner zum Zorn reizen: denn im Zorn ist er außer Stand richtig zu urtheilen und seinen Vortheil wahrzunehmen. Man bringt ihn in Zorn dadurch daß man unverholen ihm Unrecht thut und schikanirt und überhaupt unverschämt ist.* (Eristische Dialektik, S.38)

Soweit Schopenhauer - doch für erfolgreiches Verhandeln haben Sie noch andere Möglichkeiten. Damit Sie diese nutzen können, benötigen Sie:

(1) Vorstellungen über eigene Ziele,

(2) nachvollziehbare, vollständige und glaubhaft vertretbare Argumente,

(3) Möglichkeiten, wie Sie die Argumente und Ziele der Gegenseite erfahren können,

(4) eine Verhandlungsstrategie,

(5) einen Vorrat an Reaktionsmöglichkeiten auf Strategien der Gegenseite.

Die Arbeit zu Punkt eins kann Ihnen niemand abnehmen. Hüten Sie sich vor allem vor denen, die das dennoch versuchen. Zu Punkt zwei haben Sie im ersten Teil dieses Trainingsbuches einiges erfahren.

Bleiben die Punkte drei, vier und fünf - mit denen beschäftigen sich die folgenden Teile.

... wer fragt, führt

...und wer nicht fragt, wird vorgeführt

Das macht vielleicht schon jetzt die Bedeutung des Fragens beim Verhandeln deutlich. Doch vielleicht spüren Sie dabei auch ein Unbehagen, denn schließlich bringen Sie ja eigenes Unwissen zum Ausdruck, wenn Sie fragen.

Nun, zunächst ist dieses Unbehagen in den meisten Fällen wohl aus unangenehmen Erinnerungen an die Schulzeit entstanden - als es darum ging zu antworten. Fragen durfte nämlich nur der wissende Lehrer. Doch Schule und Verhandlungen sind zweierlei.

Im Titellied der Sesamstraße findet sich die meiner Ansicht nach schönste Aufforderung, häufig zu fragen:

wer, wie, was - der, die, das - wieso, weshalb,
warum - wer nicht fragt, bleibt dumm

Und diese Aussage gilt auch für Verhandlungen: wenn Sie durch Fragen die Gegenposition mit allen Forderungen, Begründungen und Hintergründen kennenlernen, unternehmen Sie nicht nur etwas gegen Ihre eigene „Dummheit" - Sie bekommen auch eine bessere Ausgangsposition für den weiteren Verhandlungsverlauf.

Stellen Sie sich nun vor, Sie würden mit der folgenden Position verhandeln - welche Fragen würden Sie zunächst stellen?

Das nächste Feld, das ganz besonderer Anstrengungen bedarf, sind die wissenschaftliche Forschung und die moderne technische Entwicklung. Denn auf Dauer hängt davon unser Lebensstandard ab! Ein Drittel unserer Einkommen rührt aus dem Export unserer Erzeugnisse auf die Weltmärkte. Aber genauso, wie wir schon seit langem keine Wolfsburger Käfer mehr ins Ausland verkaufen können, sondern nur modernste, im Wettbewerb überlegene Wagen, so ist es auf allen Feldern - von modernen Arzneimitteln bis zu modernen Airbus-Flugzeugen. Dazu sind jedoch vorausgehende Grundlagenforschung, angewandte Forschung und technische Entwicklung unabdingbare Voraussetzung!

(H. Schmidt, 04.09.94; aus *Vorwärts* Okt 94: 30)

1 _____

2 _____

3 _____

4 _____

5 _____

Mit diesen Fragen erreichen Sie, daß Sie mehr über die Position Ihres Gesprächspartners erfahren - und zwar durch dessen Antworten.

Und was sind mögliche Antworten auf Ihre Fragen?

1 _____

2 _____

3 _____

4 _____

5 _____

Möglicherweise ist Ihnen aufgefallen, daß Sie mit der einen Frage mehr Informationen bekommen können als mit einer anderen. Das liegt daran, daß Fragen verschiedene Funktionen haben, daß Sie mit bestimmten Fragen eine bestimmte Menge an Informationen auslösen. Und weiterhin können Sie mit Fragen den weiteren Verhandlungsverlauf und das Verhandlungsklima beeinflussen. Mehr dazu erfahren Sie auf den nächsten Seiten.

Wie fragen? (Fragearten)

Im Sommer 1992 erschien ein Buch, das viel Beachtung fand: „Richard von Weizsäcker im Gespräch mit Gunter Hofmann und Werner A. Perger". In diesem Buch befragten die beiden Redakteure der ZEIT den amtierenden Bundespräsidenten zu Außen- und Innenpolitik und zur Rolle der Parteien.

Um deutlich zu machen, wie stark die Art der Frage und die Art der Antwort zusammenhängen, zitiere ich einige Beispiele aus diesem Gespräch. Dabei nenne ich nur die eigentliche Frage und den Beginn der Antwort:

1 H/P   [...] *Was waren Ihre Empfindungen seit diesem deutschen Anfang vom 9. November 1989?*

　　　RvW   *Die erste Empfindung am 9. November 1989 und in der unmittelbar folgenden Zeit war eine rückhaltlose, tiefe und erstaunte Freude. [...]*

2 H/P   [... Freude über den Fall der Mauer] *Welche Gründe vermuten Sie dafür?*

　　　RvW   *Ich glaube, die Gründe dafür waren in Ost und West unterschiedlich. [...]*

3 H/P   [...] *Haben die Deutschen diese Freude zu ernst genommen, in ihrer politischen Bedeutung sozusagen überbewertet?*

　　　RvW   *Nein, so sehe ich es nicht. [...]*

4 H/P   *Gab es einen überzogenen Führungsanspruch der Deutschen in der Jugoslawienpolitik?*

　　　RvW   *Nein, jedenfalls nicht in der Sache. [...]*

5 H/P   [Parteienstaat]. *Und wie fällt der Vergleich mit Amerika aus?*

　　　RvW   *Die Parteien in Amerika haben einen weit geringeren programmatischen und politischen Einfluß. [...]*

6 H/P   *Hielten Sie es denn [...] für sinnvoll, das Amt des Präsidenten durch erneute Einführung der Direktwahl zu stärken?*

　　　RvW   *Eine Direktwahl kann ambivalente Wirkungen haben. [...]*

Schauen Sie sich einmal Fragen und Antworten unter dem Aspekt an, welche Fragen welche Art von Antworten nun hervorrufen. Versetzen Sie sich doch dazu in die Lage des Antwortenden - kurz: spielen Sie Bundespräsident! Welche Möglichkeiten der Antwort haben Sie bei welcher der genannten Fragen?

1 _____

2 _____

3 _____

4 _____

5 _____

6 _____

Eines der Merkmale, das zur Unterscheidung dieser Fragen herangezogen werden kann, ist die mögliche Offenheit einer Antwort:

die Fragen 3, 4 und 6 verlangen ein eindeutiges „ja" oder „nein"

die Fragen 1, 2 und 5 lassen dem Antwortenden weit mehr Spielraum.

Fragen, die ein „ja" oder „nein" erwarten, sind schließende Fragen - im Gegensatz dazu stehen öffnende Fragen, sie geben dem Antwortenden mehr Gelegenheit, die eigene Antwort zu gestalten.

Daß nicht auf jede schließende Frage mit einem „ja" oder „nein" geantwortet werden muß, können Sie an der letzten Frage sehen, auf die von Weizsäcker nicht entsprechend eingeht.

Hier einige Beispiele für öffnende und schließende Fragen:

öffnende Fragen	schließende Fragen
Zielfrage	**Ja-Nein-Frage**
wozu möchten Sie einen neuen Schreibtisch haben?	*möchten Sie den Schreibtisch bestellen?*
Begründungsfrage	**Suggestivfrage**
warum soll ich an der Verhandlung teilnehmen?	*Sie wollen doch sicherlich eine kleine Pause machen?*
Wertfrage	**Alternativfrage**
weswegen ist Ihnen dieser Punkt so wichtig?	*soll ich morgen oder übermorgen zu Ihnen kommen?*
Mittelfrage	
wie wollen Sie dieses Problem lösen?	
Definitionsfrage	
was meinen Sie mit „Rationalisierung"?	

Worin unterscheiden sich nun diese beiden Fragearten?

öffnende Fragen

- halten die Antwort offen
- fordern auf, zu erklären

- lassen dem Gegenüber einen größeren Spielraum
- eignen sich für den Beginn eines Gesprächs (Informationen sammeln)

- halten das Gesprächsklima angenehm
- sind (er)öffnende Fragen

---

schließende Fragen

- verlangen eine bestimmte Antwort
- fordern auf, zu entscheiden

- drängen den Gegenüber in eine bestimmte Richtung
- eignen sich für das Ende eines Gesprächs (Resultat erzielen)

- spannen das Gesprächsklima an
- sind (ab)schließende Fragen

Noch einmal zurück zu unserem Helmut-Schmidt-Zitat von Seite 49.

Nehmen Sie jetzt die Rolle eines Journalisten ein und versuchen Sie, die Fragearten auszuprobieren - richten Sie also die verschiedenen Fragen an Helmut Schmidt:

Zielfrage: _____

_____

Begründungsfrage: _____

_____

Wertfrage: _____

_____

Mittelfrage: _____

_____

Definitionsfrage: _____

_____

Ja-Nein-Frage: _____

_____

Suggestivfrage: _____

_____

Alternativfrage: _____

_____

Vergleichen Sie nun diese Fragen mit denen, die Sie im vorhergehenden Abschnitt notiert haben - waren es verschiedene Fragearten?

Die jeweilige Stimmung, die Sie mit öffnenden und schließenden Fragen bei Ihrem Gesprächspartner hervorrufen, erfahren Sie vielleicht am ehesten, wenn Sie die Fragen laut vorlesen:

---

bei **schließenden Fragen** taucht eher der

---

befehlende,

verlangende und

ungeduldige Tonfall auf als

---

bei **öffnenden Fragen**, zu denen eine

---

ruhige,

abwartende und

entspannte Stimmung viel besser paßt.

Fragen und ihre Funktionen

Mit Fragen können Sie sehr viel machen ...

Interesse bekunden
_____

kennen Sie schon die neue Zeitschrift?

Informationen erhalten
_____

wie komme ich am schnellsten zum Bahnhof?

Interessen erfahren
_____

welche Sportart mögen Sie am meisten?

Sachverhalte klären
_____

steht das so im Strafgesetzbuch?

Begründungen einfordern
_____

warum wollen Sie ein Rauchverbot?

Behauptungen verstehen
_____

was meinen Sie damit?

Wünsche bekunden
_____

wie wär`s denn mit einem Betriebsausflug?

Mitdenken anregen
_____

welche Ideen habt Ihr dazu?

zum Reden motivieren

was meinst Du denn zum neuen Dienstplan?

Gespräche lenken

wollen wir zuerst über den Haushalt sprechen?

provozieren

wie kommst Du denn auf diese Idee?

Entscheidungen herbeiführen

wer ist für diesen Vorschlag?

Argumente hinterfragen

welches sind die Gründe für diese Auffassung?

Diskussionen strukturieren

welche Meinungen gibt es noch zu diesem Punkt?

Überlegen Sie sich doch jetzt Fragen zu Beispielen aus Ihrem persönlichen Bereich:

_____

_____

_____

_____

_____

_____

Gibt es Fragen, die Ihnen leichter fallen als andere? - welche sind das?

_____

_____

_____

_____

Überlegen Sie sich, ob das solche Fragen sind, die Sie in für Sie typischen Situationen stellen ... und üben Sie vor allem in anderen Situationen, um Ihren Vorrat an Fragefunktionen zu erweitern.

Fragetrichter

Wollen Sie mit Fragen führen, so ist es entscheidend, die Fragen in einer sinnvollen Reihenfolge zu stellen.

- Dazu sammeln Sie in einem ersten Schritt Informationen und Ideen (das können eigene oder fremde sein).

- Danach besprechen Sie diese und wählen vielleicht einige besonders gute aus.

- Erst abschließend führen Sie eine Entscheidung herbei, die Sie dann noch kontrollieren.

Das bedeutet also, daß es sinnvoll ist, wenn Sie zunächst nur öffnende Fragen einsetzen und erst am Ende eines Gesprächs oder einer Sitzung schließende Fragen verwenden.

Dieser Fortgang von öffnenden zu einer schließenden Frage wird Fragetrichter genannt.

Beispiel für einen Fragetrichter

sammeln
*welche Aktionen wollen wir
im Wahlkampf starten?*

auswählen
welche davon sind sinnvoll?

auswählen
*welche müssen eingehender
besprochen werden?*

vertiefen
*wer möchte sich mit dem
Thema „..." beschäftigen?*

auswählen
was muß als Erstes getan werden?

entscheiden
wer macht wann mit wem ... ?

kontrollieren
Otto, was machst Du?

Indem Sie alle Schritte vollziehen,

- steigt die Wahrscheinlichkeit, daß neue Ideen einfließen -
  die Entscheidung wird bunter

- sinkt die Wahrscheinlichkeit, daß etwas übersehen wird -
  die Entscheidung wird für alle annehmbarer.

Wollen Sie einen Fragetrichter erstellen, dann sollten Sie zuerst die letzte (die schließende) Frage vorbereiten, um das Ziel des Trichters festzulegen. Vielleicht ist Ihnen aufgefallen, daß bei der Vorbereitung des Fragetrichters genauso vorgegangen wird wie bei der Vorbereitung einer Rede: zuerst kommt der Schlußsatz.

Doch zurück zum Fragetrichter: nachdem Sie die letzte Frage notiert haben, können Sie nun die eröffnende Frage formulieren und danach die Folge der Fragen bis hin zur letzten aufstellen.

Als Elemente von Fragetrichtern können Sie beispielsweise verwenden:

IST
SOLL
AKTION

PROBLEM
LÖSUNG
MASSNAHME

IDEE
UMSETZUNG
HANDLUNG

INTERESSE
FORDERUNG
DRINGLICHKEIT

Nehmen Sie sich nun ein Beispiel aus Ihrem Anwendungsbereich (die nächste Sitzung, das nächste Gespräch, ...). Bereiten Sie zunächst die letzte Frage vor, um das Ziel der Sitzung oder des Gesprächs festzumachen. Formulieren Sie dann die eröffnende Frage, und stellen Sie anschließend mit einer oder mehreren Fragen den Zusammenhang zwischen eröffnender und abschließender Frage her.

Mit diesem Fragetrichter haben Sie bei Ihrer nächsten Verhandlung nun die Möglichkeit, ganz gezielt Informationen zu bekommen und zu einer Entscheidung zu gelangen - und das nicht „aus dem Bauch heraus", sondern überlegt und vorbereitet.

Fragestrategien

Bis jetzt ging es darum, die verschiedenen Fragearten einzusetzen und sie mit Hilfe des Fragetrichters in einer sinnvollen Reihenfolge, also nacheinander, anzuwenden. Doch Sie können öffnende und schließende Fragen auch miteinander kombinieren. Damit erhalten Sie nicht nur neue Möglichkeiten, in Verhandlungen zu führen - Sie können auch das Verhandlungsklima beeinflussen.

Die Kombinationen von öffnenden und schließenden Fragen, aber auch mit Bedingungen verknüpfte öffnende und schließende Fragen heißen Fragestrategien - und um die soll`s jetzt gehen.

Dazu noch einmal das Helmut-Schmidt-Beispiel von Seite 49:

Nun zu den verschiedenen Fragestrategien, mit denen Sie auf Helmut Schmidt reagieren können:

(1) öffnende Frage mit anschließender öffnender Frage

An welche Felder der Grundlagenforschung denken Sie da, und wie sollte sich die Forschungspolitik der Bundesregierung darauf einstellen?

(2) öffnende Frage mit Vorgabe des Erläuterungskriteriums (Aspekt)

Welche Möglichkeiten sehen Sie, von den Industrieunternehmen ohne hohes ökonomisches Risiko umweltgerechte Forschung zu fordern?

(3) öffnende Frage mit Vorgabe des Entscheidungskriteriums (Vergleich)

Welche Möglichkeiten hat die Bundesregierung, die exportträchtigsten Branchen zu unterstützen?

(4) öffnende Frage mit anschließender schließender Frage

Warum betonen Sie die wissenschaftliche Forschung - ist diese nicht für viele Fehlentwicklungen mitverantwortlich?

(5) schließende Frage mit anschließender öffnender Frage

Befürworten Sie eine ökologisch ausgerichtete Forschungspolitik und wie wollen Sie diese fördern?

(6) schließende Frage mit Vorgabe des Erläuterungskriteriums (Aspekt)

Kann bundesdeutsche Forschungspolitik vor dem Hintergrund immer stärker werdender europäischer Industriepolitik überhaupt wirken?

(7) schließende Frage mit Vorgabe des Entscheidungskriteriums (Vergleich)

Ist Ihrer Meinung nach eine staatliche Grundlagenforschung eher erfolgversprechend als eine industrielle?

(8) schließende Frage mit anschließender schließender Frage

Ist eine europäische Vorgehensweise wünschenswert und kann diese finanziert werden?

Sie haben sicherlich bemerkt: die Fragekombinationen lassen beim Befragten jeweils andere Antworten zu. Während bei der ersten Kombination dem Befragten „die Bälle zugespielt" werden, wird das Klima von Frage zu Frage immer rauher bis zur letzten Frage, die erinnert an ein Verhör.

	offen	**Erläuterungs-kriterium**	**Entscheidungs-kriterium**	**geschlossen**
offen	1	2	3	4
geschlossen	5	6	7	8

Nehmen Sie sich doch jetzt ein Bespiel zu einem Ihrer Verhand-
lungsthemen.

Welches sind denn die typischen Argumente Ihres Gesprächspartners?

_____

_____

_____

_____

Wenn Sie auch das Verhandlungsklima mitbestimmen wollen, dann sollten Sie alle acht Kombinationen einsetzen können - versuchen Sie's einmal, indem Sie je eine Fragestrategie zu den Argumenten Ihres Gesprächspartners formulieren:

(1) _____

_____

(2) _____

_____

(3) _____

_____

(4) _____

_____

(5) _____

_____

(6) _____

_____

(7) _____

_____

(8) _____

_____

Jetzt haben Sie Ihre Fertigkeiten vervollständigt, mit Fragen zu führen. Sie sind nun in der Lage, bei Diskussionen und Verhandlungen das Heft in die Hand zu nehmen - doch eines noch:

„wer fragt, führt" - das ist keine Frage! Allerdings werden Sie andere durch pausenloses Fragen auch bedrohen, vor allem, wenn Ihre Gestik oder Ihre Betonung diesen Eindruck noch unterstützen.

Deshalb sollten Sie Fragearten, Fragetrichter und Fragestrategien überlegt einsetzen - Sie kommen dann zu einer erfolgreichen Verhandlungsführung.

Killerphrasen

Killerphrasen kennen Sie bestimmt - das sind unbegründete pauschale Behauptungen, die nur ein Ziel haben: den anderen zum Schweigen zu bringen. Mit:

dazu sind wir einfach nicht in der Lage

sollen Ideen gebremst, Vorschläge unterdrückt und Meinungsäußerungen erschwert werden - kurz: das Gespräch abgeschlossen werden.

Doch zum Glück gibt es ein Mittel, mit denen Sie Killerphrasen entwaffnen können. Mit Hilfe von öffnenden Fragen verlangen Sie nämlich eine Begründung, fordern eine Bedingung ein oder hinterfragen eine Verallgemeinerung - kurz: Sie eröffnen damit wieder das Gespräch.

Auf die eben genannte Killerphrase können Sie etwa fragen:

welche Lage meinen Sie genau?

warum sind wir dazu nicht in der Lage?

wann wären wir denn dazu in der Lage?

Viele von den folgenden Killerphrasen sind Ihnen schon sicherlich schon einmal begegnet - vielleicht haben Sie sich über die eine oder andere Killerphrase schon geärgert oder Sie waren gebenüber einer Killerphrase in dem Moment sprachlos.

Um sich dagegen zu wappnen, sollten Sie zu den folgenden Killerphrasen öffnende Fragen formulieren:

so haben wir das früher doch nicht gemacht

_____

_____

keine Zeit

_____

_____

haben wir alles schon versucht

_____

_____

darüber läßt sich ein andermal reden

_____

_____

ich verstehe gar nicht, wo Sie da
Schwierigkeiten sehen

_____

_____

was für ein Phantast ist denn
darauf gekommen

_____

_____

man weiß doch, das läßt sich
einfach nicht machen

_____

_____

*damit muß sich erst ein Ausschuß /
eine Arbeitsgruppe befassen*

_____

_____

warten wir doch erst die Entwicklung ab

_____

_____

ich sehe da keinen Zusammenhang

_____

_____

das ist doch gegen die Vorschriften

_____

_____

man wird sich darüber aufregen

_____

_____

Sicherlich fallen Ihnen noch viele andere Killerphrasen ein. Versuchen Sie, auch dafür geeignete öffnende Fragen vorzubereiten. Beim nächsten Mal werden Sie die Killerphrasen dann mühelos entzaubern.

Doch Killerphrasen werden nicht ohne Grund benutzt. Sie signalisieren Einwände. Und es kommt nicht nur darauf an, daß Sie Killerphrasen mit Fragen entgegnen, sondern auch, daß Sie mit Einwänden umgehen können. Darum geht`s im nächsten Abschnitt.

Einwandbehandlung

Auf Einwände sind Sie in Verhandlungen sicherlich schon häufig gestoßen. Für Sie mögen die Einwände Ihrer Gesprächspartner hinderlich gewesen sein, weil Sie Ihr Verhandlungsziel in dem Moment gefährdet sahen. Das ist verständlich, und doch sollten Sie die Übersicht bewahren. Denn hinter jedem Einwand stecken Gründe. Und Ihre Einstellung zu diesen Gründen bestimmt den weiteren Gesprächsverlauf (mit).

- Sie können Ihrem Gesprächspartner böse Absicht unterstellen und sich entsprechend verhalten - das führt meistens

    - zu einer Blockade bei Ihrem Gesprächspartner,

    - zum Aneinandervorbeireden oder

    - zu Vorwürfen und persönlichen Angriffen.

- Sie können aber auch von einer positiven Grundeinstellung ausgehen und versuchen zu verstehen, was Ihr Gesprächspartner meint und warum Ihr Gesprächspartner Einwände hat.

Das erreichen Sie, indem Sie

- nie sofort den Einwand abschießen

- zuerst immer einen Puffer zwischen den Einwand und Ihrer Antwort einbauen,

    z.B. eine kleine (Bedenk-)Pause einlegen und während dieser Zeit ruhig Luft holen

- den Einwand aufnehmen und bestätigen, d.h., Ihr Gegenüber ernst nehmen - das ist noch lange nicht recht geben

- aktiv zuhören

- Präzisionsfragen stellen, z.B. „Was meinen Sie genau mit ...?"

- eine weitergehende Frage stellen, z.B. „In welcher Beziehung steht das zu den gemeinsamen Zielen ...?"

- die als-ob-Technik anwenden: „Nehmen wir einmal an, Sie haben recht. Was bedeutet das dann für ...?"

- nach der Auswirkung fragen: „Wie wirkt sich das auf … aus?"

- die Judo-Technik benutzen: „Wenn Sie an meiner Stelle wären, was würden Sie dann antworten?"

- Begründungen verlangen

- auf anderslautende Zahlen, Referenzen, … verweisen

- schwache Punkte zugeben; denn wenn es offensichtlich ist, daß Sie unrecht haben, so geben Sie dieses besser zu

Schwierig wird`s für Sie, wenn Sie folgendermaßen reagieren:

sich rechtfertigen

sich entschuldigen

das sind Reaktionen, mit denen Sie sich unterwerfen

Vorwürfe erheben

mit Unterstellungen arbeiten

das sind Reaktionen, mit denen Sie andere dominieren

Was Sie stattdessen machen sollten:

Informationen erfragen

Sachverhalte klären

auf Ihr Verhandlungsziel gerichtet arbeiten

nur einen Themenpunkt pro Erklärung abzugeben -
so erreichen Sie, daß Ihr Gegenüber
auf diesen Punkt eingehen wird, da Sie ihm
keine Auswahl gegeben haben

Fragen Ihres Gegenübers beantworten

diese Antwort möglichst immer mit einer offenen
Frage abschließen, um wieder in die
„wer fragt, führt"-Position zu gelangen

**das sind Reaktionen,
die einen sachlichen Dialog in einem gleichberechtigten
Kommunikationsverhältnis gewährleisten**

Subjektive Botschaften

Sie haben während der vergangenen Viertelstunde nicht einen einzigen brauchbaren Vorschlag gemacht. Sie meinen wohl, daß Ihre Unnachgiebigkeit ohne Folgen bleiben wird. Doch da haben Sie sich getäuscht. Sie werden maßgeblich für das Scheitern dieser Verhandlung verantwortlich gemacht werden.

Stellen Sie sich vor, eine solche Aussage fällt während einer Verhandlungspause - wie wirkt diese Botschaft auf Sie?

_____

_____

_____

_____

Formulieren Sie jetzt die vier Sätze so um, daß jeder Satz *Ihre* Perspektive ausdrückt. Statt feststehender Gewißheiten („Sie haben sich getäuscht") soll nun Ihre subjektive Meinung im Vordergrund stehen.

1 _____

   _____

2 _____

   _____

3 _____

   _____

4 _____

   _____

Eine Möglichkeit der Neuformulierung ist:

Für mich haben Sie während des vergangenen Verhandlungsabschnittes nicht sehr konstruktiv mitgearbeitet. Ich bin mir nicht sicher, ob Ihre Unnachgiebigkeit ohne Folgen bleiben wird. Kann es nicht sein, daß Sie hinterher maßgeblich für das Scheitern dieser Verhandlung verantwortlich gemacht werden?

Lesen Sie doch einmal beide Fassungen laut vor - dann wird besonders deutlich, daß die Stimmung, die mit der Neuformulierung ausgedrückt wird:

weniger bedrohlich ist

weniger Aggressivität erzeugt

eher zu einem vertrauensvollen Verhältnis führt

andere eher auffordert, von sich zu berichten

Mit subjektiven Botschaften erzeugen Sie erfahrungsgemäß ein partnerschaftlicheres Verhandlungsklima. Subjektive Botschaften sollten Sie mit folgendem Auftreten verknüpfen:

- sprechen Sie die Person, an die Sie das Wort richten, direkt an - wenn möglich mit Namen.

- halten Sie besonders zu dieser Person Blickkontakt.

- interpretieren Sie nicht, warum andere etwas getan haben, sondern urteilen Sie lediglich über die Wirkung auf Sie.

- beziehen Sie sich auf die konkrete Situation „hier und jetzt" - mißbrauchen Sie die Gelegenheit nicht, um loszuwerden, was Sie „schon immer mal" sagen wollten.

- sprechen Sie nicht per „wir" oder per „man", sondern sprechen Sie per „ich".

Wir sagen und **Ich** meinen
ist eine von den ausgesuchtesten Kränkungen.

Theodor W. Adorno

Versuchen Sie, für die folgenden Beispiele entsprechende subjektive Botschaften zu formulieren.

Bei einer Betriebsratssitzung wirft ein Mitglied einem anderen Nachlässigkeit vor:

Mitglied mit starrer Botschaft:

Du hast gestern schon wieder vergessen, den Rundbrief loszuschicken. Mit deiner Schlamperei bremst du die Arbeit des gesamten Betriebsrates.

Mitglied mit subjektiver Botschaft:

_____

_____

_____

Bei der Begehung eines geplanten Baugeländes läßt der Investor alle Vorschläge an sich abprallen und schiebt die Schuld auf die Mitglieder des Bauausschusses:

Investor mit starrer Botschaft:

Sie sind völlig stur gegenüber meinem Anliegen und halten sich wohl für diejenigen, auf die es allein ankommt.

Investor mit subjektiver Botschaft:

_____

_____

_____

Bei einer Versammlung bringt ein Teilnehmer ständig Aussagen vor, die nicht zum Thema gehören:

Moderator/in mit starrer Botschaft:

Du hast jetzt schon zum fünften Mal etwas gesagt, was nicht zum Thema gehört. Überleg' nächstens, bevor du etwas sagst.

Moderator/in mit subjektiver Botschaft:

_____

_____

_____

Bei einer Verhandlung geht es um Datenschutzbestimmungen:

Mitglied mit starrer Botschaft:

Seit fünf Monaten sind Sie dabei, illegal personenbezogene Daten abzuspeichern. Sie haben dazu kein Recht, und Sie werden dafür geradestehen.

Mitglied mit subjektiver Botschaft:

_____

_____

_____

Mit Hilfe der subjektiven Botschaften haben Sie eine weitere Möglichkeit, auf das Verhandlungsklima Einfluß auszuüben. Nutzen Sie subjektive Botschaften gerade dann, wenn das Klima durch persönliche Angriffe oder Mißverständnisse schon belastet ist.

PFALZ: der Schlüssel für Ihre nächste Verhandlung

Sie haben nun schon viele Möglichkeiten kennengelernt, wie Sie Ihre nächste Verhandlung erfolgreich durchführen können. Wenn Sie diese Techniken zusammenfassen, so erhalten Sie PFALZ. Dieses Wort steht für folgende fünf Schritte

Pause machen - Fragen - Akzeptanz zeigen - Lösung vorschlagen - Zustimmung suchen

... und für ein vielfältig einsetzbares und bewährtes Konzept, um Einwände konstruktiv aufzunehmen.

Das kann z.B. ein Vorwurf sein, den Ihr Gesprächspartner während einer Verhandlung gegenüber Ihnen erhebt - oder auch eine Killerphrase.

Ein Verhandlungsverlauf mit PFALZ, bei dem Sie versuchen, den Vorwurf des Gesprächspartners ernst zu nehmen und das Gespräch aufrechtzuerhalten, ist in folgender Grafik dargestellt:

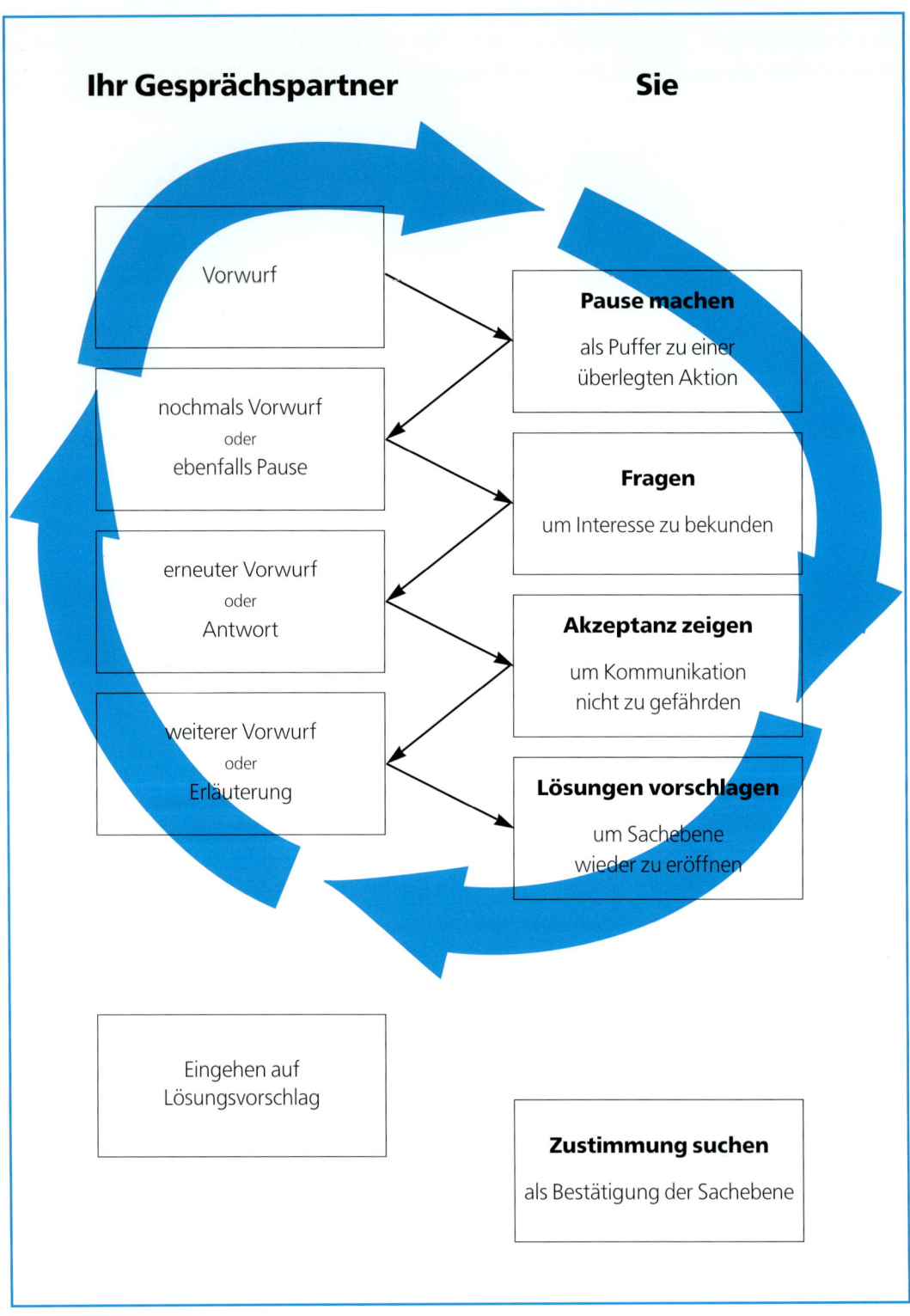

Ihr Gesprächspartner **Sie**

Vorwurf

Pause machen

als Puffer zu einer
überlegten Aktion

nochmals Vorwurf
oder
ebenfalls Pause

Fragen

um Interesse zu bekunden

erneuter Vorwurf
oder
Antwort

Akzeptanz zeigen

um Kommunikation
nicht zu gefährden

weiterer Vorwurf
oder
Erläuterung

Lösungen vorschlagen

um Sachebene
wieder zu eröffnen

Eingehen auf
Lösungsvorschlag

Zustimmung suchen

als Bestätigung der Sachebene

Ihre Schritte sehen Sie hier noch einmal Punkt für Punkt:

Pause machen

sagen Sie erst einmal nichts
lassen Sie den Einwand auf sich wirken
atmen Sie ruhig weiter

➡

Fragen

erfragen des Ziel des anderen
zeigen Sie Interesse am Einwand
fragen Sie nach den Wünschen des anderen

➡

Akzeptanz zeigen

haben Sie Verständnis für den anderen
zeigen Sie, daß Sie den Einwand zulassen
anerkennen Sie die andere Position

➡

Lösung vorschlagen

machen Sie ein Angebot
bieten Sie einen Ausweg an
erläutern Sie Ihren Vorschlag

➡

Zustimmung suchen

finden Sie die Einigungsmöglichkeiten heraus
machen Sie eine Zusage verbindlich fest
vereinbaren Sie gemeinsam konkrete Schritte

Dabei sollten Sie

- erst einen Schritt erfolgreich abschließen, bevor Sie zum nächsten übergehen

- die vier Schritte „Pause/Fragen/Akzeptanz/Lösung" so lange durchlaufen, bis Ihr Gesprächspartner seine Vorwürfe beendet. Erst dann haben Sie nämlich wieder die Möglichkeit, mit ihm über Argumente und Lösungen zu verhandeln.

Nehmen Sie doch noch einmal das Beispiel aus dem vorhergehenden Abschnitt:

Sie haben während der vergangenen Viertelstunde nicht einen einzigen brauchbaren Vorschlag gemacht. Sie meinen wohl, daß Ihre Unnachgiebigkeit ohne Folgen bleiben wird. Doch da haben Sie sich getäuscht. Sie werden maßgeblich für das Scheitern dieser Verhandlung verantwortlich gemacht werden.

Mit Hilfe von PFALZ können Sie z.B. wie folgt auf diesen Vorwurf reagieren:

---

1   [Pause]

2   *Warum halten Sie meine Vorschläge für unbrauchbar?*

3   *Ich kann Ihre Meinung schon verstehen, da Sie andere Interessen verfolgen.*

4   *Ist es Ihnen recht, wenn ich mich zu Beginn der nächsten Verhandlungsrunde zurückhalte?*

5   *Ich werde Ihnen zu verstehen geben, wann ich wieder eingreifen werde.*

Verwenden Sie nun noch einmal einige der starren Botschaften aus dem vorangegangen Abschnitt und gehen Sie Ihre Möglichkeiten, die Einwände zu erwidern, mit Hilfe von PFALZ durch:

1 _____

2 _____

3 _____

4 _____

5 _____

1 _____

2 _____

3 _____

4 _____

5 _____

PFALZ wird Ihnen sicherlich helfen, in schwierigen Verhandlungssituationen einen kühlen Kopf zu bewahren, so daß Sie Ihr Verhandlungsziel besser erreichen können.

Wie Sie Ihr Verhandlungsziel bestimmen und abstufen können, dazu werden Sie im letzten Abschnitt einiges erfahren.

Vorbereitung einer Verhandlung

Erinnern Sie sich noch?

Zu Beginn dieses Buches haben Sie sich mit den vier Eckpfeilern beschäftigt. Die Beantwortung der dort formulierten Fragen kann Ihnen jetzt auch als Ausgangspunkt für eine Verhandlungsvorbereitung dienen. Denn durch die Antworten verdeutlichen Sie für sich sowohl das Umfeld der Verhandlung als auch Ihre Rolle.

Nun, bereiten Sie Ihre nächste Verhandlung doch jetzt schon vor:

welche Inhalte passen am besten in Ihr Konzept?

mit welchen Argumenten erreichen Sie Ihr Verhandlungsziel?

was interessiert Sie an dem Thema?

wie gut kennen Sie sich in der Materie aus?

welche Ziele verfolgt Ihr Verhandlungspartner?

wieviel Überzeugungsarbeit müssen Sie noch leisten?

was spricht Ihrer Meinung nach für Ihr Ziel?

_____

wie fühlen Sie sich beim Gedanken an das Ziel?

_____

wie gut weiß Ihr Verhandlungspartner schon Bescheid?

_____

was interessiert Ihren Verhandlungspartner an Ihrem Thema?

_____

wie gut kennen Sie Ihren Verhandlungspartner?

_____

wie wollen Sie auf Ihren Verhandlungspartner wirken?

_____

Neben diesen Fragen ist es für Sie ebenso wichtig, verschiedene mögliche Verhandlungsergebnisse auszuloten:

- das Maximalziel ist die weitestgehende Forderung, die Sie erreichen wollen,

- das Minimalziel ist die Forderung, unter die Sie nicht gehen wollen.

Diese beiden Ziele sollten Sie unterschieden haben, bevor Sie in eine Verhandlung gehen - und schon vor Verhandlungsbeginn auch mit Ihren Mitstreitern abgesprochen haben. So erreichen Sie eine einheitliche Verhandlungslinie.

Formulieren Sie anhand des Maximalziels Ihre Argumente. Mögliche Einwände hinsichtlich Fakten und Gründe ziehen Sie erst dann in Betracht - und stellen Ihnen anschließend Gegenargumente entgegen. Achten Sie darauf, daß sich Fakten auf Fakten und Gründe auf Gründe beziehen. Damit vermeiden Sie Mißverständnisse und langes Aneinandervorbeireden.

Die Überzeugungskraft der Gegenargumente, die Sie erwarten, ist für die Formulierung des Minimalziels entscheidend. Bei schlagkräftigen Gegenargumenten werden Sie Ihr Minimalziel niedrig ansetzen müssen, denn selbst mit der besten Rhetorik lassen sich ungünstige Ausgangslagen nun mal nicht umkehren. Vermuten Sie jedoch, daß Ihr Verhandlungspartner nur wenig überzeugende Argumente für seine Position hat, so wird Ihr Minimalziel nicht weit von Ihrem Maximalziel entfernt liegen. Neben der Überzeugungskraft der erwarteten Gegenargumente müssen Sie selbstverständlich auch noch Ihre eigenen Präferenzen und inhaltlichen Grenzen für Verhandlungsmandate (z.B. Delegationsauftrag) beachten.

Für strukturiertes Verhandeln hat sich das folgende Blatt vor allem in zwei Situationen bewährt: Sie können es einmal bei der Vorbereitung Ihrer Verhandlungen benutzen, aber auch während einer Verhandlung, wenn Sie neue Gegenargumente einordnen wollen, um auf diese reagieren zu können.

Machen Sie sich nun mit diesem Blatt vertraut und versuchen Sie, für ein Verhandlungsbeispiel aus Ihrem Bereich die folgende Seite zu benutzen.

Damit haben Sie Ihre Verhandlungsvorbereitung beendet.

Mit Ihren Überlegungen

- zu den vier Eckpfeilern,

- zu Ihrem Maximalziel und zu möglichen Einwänden anderer sowie

- zu dem daraus hervorgehenden Minimalziel und

- zu Ihren Gegenargumenten auf die Einwände anderer

sind Sie für Verhandlungssituationen bereit - Ihre Verhandlung kann beginnen.

mein Maximalziel:					mein Minimalziel:			
	meine Argumente				zu erwartende Einwände		meine Gegenargumente	
Nr.	Fakten	Gründe			Fakten	Gründe	Fakten	Gründe

.. das war's

nein, durchaus nicht !

Sie haben in diesem Buch viele Grundlagen für überzeugendes
Argumentieren und erfolgreiches Verhandeln erfahren.
Dabei haben Sie sich unter anderem mit der Wirkung und
dem Aufbau von Argumenten und mit den Möglichkeiten,
auf Argumente anderer einzugehen, beschäftigt - auch rund
um`s Fragen, über den Umgang mit Einwänden und über
weitere Techniken der Verhandlungsführung haben Sie vieles
kennengelernt ... und auch sofort geübt.

Doch jetzt fängt es erst richtig an:
nämlich bei *Ihren* Diskussionen und Verhandlungen.

Daß Sie dort überzeugend und erfolgreich sind,
das wünsche ich Ihnen!

Literaturtips

Hier noch eine kleine Auswahl an Büchern zu den Themen *Argumentation* und *Verhandlung*, die ich auch den Teilnehmerinnen und Teilnehmern meiner Seminare empfehle.

Kare ANDERSON. *Wie Sie erreichen, was Sie wollen.* Frankfurt/M. 1994.

Jürgen ALT. *Miteinander diskutieren*. Frankfurt/M. 1994.

Vera F. BIRKENBIHL. *Psycho-logisch richtig verhandeln.* Landsberg/Lech [8]1994.

Wolfgang FRICKE. *Erfolgreich verhandeln.* Bonn 1985.

Michael J. GELB. *Überzeugend reden, erfolgreich auftreten.* Bremen [2]1992.

Martin HENKEL und Rolf TAUBERT. *Versteh mich bitte falsc*h. Zürich 1991.

Spencer JOHNSON. *Ja oder Nein. Der Weg zur besten Entscheidung.* Reinbek 1993.

Arthur SCHOPENHAUER. *Eristische Dialektik*. Zürich 1988.

Friedemann SCHULZ VON THUN. *Miteinander reden*. Bd.1. Reinbek 1981.

Kurt TUCHOLSKY. *Sprache ist eine Waffe.* Reinbek 1989.

Wilhelm L. URY. *Schwierige Verhandlungen.* Frankfurt/M. 1992.

Paul-Ludwig VÖLZING. *Begründen-Erklären-Argumentieren.* Heidelberg 1979.

Gerhard WAHRIG. *Deutsches Wörterbuch.* Gütersloh (u.a.) 1986.

Jürgen WALTHER. *Philosophisches Argumentieren*. Freiburg (u.a.) 1990.

Bernd WEIDEMANN. *Diskussionstraining*. Reinbek 1975.

Der Autor

Frank Wippermann

Studium der Elektrotechnik und Philosophie, ausgebildeter Kommunikationstrainer, lizensierter MBTI- Berater, seit 1992 als Trainer und Berater tätig, vielfältige Erfahrungen in der politischen Arbeit, insbesondere bei der Organisation und Durchführung von Wahlkämpfen, Autor der Trainingsbücher „Mit Argumenten überzeugen", „Neues wagen"und „Vom Chaos zum Ergebnis"; Beratungs-und Trainingsschwerpunkte: Innovationsmanagement und Kreativitätstechniken, Projektmanagement, Öffentlichkeitsarbeit und Kampagnentraining (key campaigning), Teamanalyse und -entwicklung.

In der Reihe
„Trainingsbücher"
des Projekts
Management und Politik
sind bisher erschienen:

Wirkungsvolle Kommunikation
Ein Leifaden für Gespräche, Verhandlungen und Konflikte

1. Auflage Dezember 1999

Neues Wagen
Wege zu mehr Kreativität und Innovation

2. Auflage Mai 1998

Teams und Typen
Wege zu besserer Zusammenarbeit in Gruppen

2. Auflage Mai 1998

Projektmanagement
Verfahren und Instrumente für erfolgreiche Projektarbeit
in Vereinen und Verbänden

2. Auflage Dezember 1998

Vom Chaos zum Ergebnis
Wege zu gelungenen Besprechungen und Sitzungen

2. Auflage Dezember 1999

Vom Zeitbesitzer zum Zeitnutzer
Wege zum befriedigenden Umgang
mit dem Faktor Zeit

2. Auflage Dezember 1998

Erfolgsfaktor Öffentlichkeitsarbeit
Ein Leitfaden für die PR-Arbeit von Vereinen und Verbänden

2. Auflage Dezember 1999